Bibliografische Information der Deutschen Nationalbibliothek:

Die Deutsche Bibliothek verzeichnet diese Publikation in der Deutschen National-
bibliografie; detaillierte bibliografische Daten sind im Internet über http://dnb.d-
nb.de/ abrufbar.

Impressum:

Copyright © 2016 GRIN Verlag, Open Publishing GmbH
Druck und Bindung: Books on Demand GmbH, Norderstedt Germany
ISBN: 978-3-668-19811-1

Dieses Buch bei GRIN:

http://www.grin.com/de/e-book/318162/hintergruende-und-ablauf-der-maerzrevo-
lution-von-der-restauration-bis-zur

Mike G.

Hintergründe und Ablauf der Märzrevolution von der Restauration bis zur Umstellung der Festung in Rastatt. Ein Überblick in Stichpunkten

GRIN Verlag

GRIN - Your knowledge has value

Der GRIN Verlag publiziert seit 1998 wissenschaftliche Arbeiten von Studenten, Hochschullehrern und anderen Akademikern als eBook und gedrucktes Buch. Die Verlagswebsite www.grin.com ist die ideale Plattform zur Veröffentlichung von Hausarbeiten, Abschlussarbeiten, wissenschaftlichen Aufsätzen, Dissertationen und Fachbüchern.

Besuchen Sie uns im Internet:

http://www.grin.com/

http://www.facebook.com/grincom

http://www.twitter.com/grin_com

Die Zeit der Restauration und die Märzrevolution[1]

Vorwort

Nachdem Napoleon die Errungenschaften der Französischen Revolution in die deutschen Gebiete brachte, gewöhnten sich die Einwohner an diese neuen Freiheiten, welche lange Zeit in ihren Köpfen verankert blieben. Während den Befreiungskriegen formierte sich das deutsche Volk gemeinsam gegen den Feind und gewann zum ersten Mal wirkliche Solidarität und ein Nationalgefühl. Die folgende Zeit wird ausführlich in dieser Arbeit geschildert. Sei es der Wiener Kongress, die Repressionspolitik unter Metternich, die Zeit des Vormärzes oder die eigentliche Märzrevolution. Ausführlich werden die Ereignisse aus jener Zeit nicht nur aufgelistet, sondern auch näher und ziemlich genau erläutert sowie mit Bildern und zeitgenössischen Quellen untermauert. Die vollständigen Texte (bzw. Auszüge) finden sich in beiden Bänden „Zeiten und Menschen" des Schöningh Verlages im Westermann (ISBN Band 1: 978-3140249706; Band 2: 978-3140249713). Die (zwei- bis dreistellige) Zahl neben jeder Überschrift steht für die Seitenzahl im Buch, der Buchstabe M, welcher von einer Zahl gefolgt wird, gibt die Quellenmarkierung im Buch wider. Die Zusammenfassungen bedeutender zeitgenössischer Werke, Reden oder anderer Quellen wurde gelb unterlegt, aus Gründen der Übersichtlichkeit. Diese Arbeit entstand in der Oberstufe im Geschichte Leistungskurs des Gymnasiums und diente einigen Kameraden als Vorbereitungen für Klausuren oder Hausaufgabenüberprüfungen. Selbst die unterrichtende Lehrerin lobte das Engagement und die Detailliertheit der folgenden Arbeit.

- **18. September 1814 – 9. Juni 1815 Wiener Kongress.**
- **Prinzipien der Neuordnung:**

Restauration	Legitimität	Solidarität	Gleichgewicht
Rückführung zum Zustand vor französischer Revolution. Einsetzung alter Herrschergeschlechter. Wiederherstellung der Adelsprivilegien. Stärkere Einbindung des Adels / Klerus im Staat.	Gottesgnadentum und Tradition rechtfertigen Herrschaft. Volk wurde Recht auf politische Mitbestimmung entzogen. Vererbte Privilegien anerkannt.	Europäische Herrscher beraten gleichsam. Ablehnung der Revolution. Frieden garantieren. Sicherung neuer Ordnung durch europäische Herrscher.	Territoriale Neuordnung soll für *balance of power.* sorgen.

- Frankreich bekommt **Charte Constitutionelle,** Neuer König wird Ludwig XVIII.
  - => Nationalismus konnte durch rückschrittliche Beschlüsse nicht gestoppt werden.
- **Problem** mit Neuordnung des deutschen Gebietes.
  - *balance of power* und Machtkampf Österreich ↔ Preußen verhindern eigenen Staat.
  - => **Lösung:** Loser *Staatenbund* ohne zentrale Exekutive gegründet.

Deutscher Bund aus 39 souveränen Staaten		
Bundesakte	**Bundestag in Frankfurt**	**Bundesheer**
Garantiert Souveränität der Staaten, Beschlüsse einstimmig gewählt und auf	Versammlung von Vertretern unter Vorsitz	Truppen aus einzelnen Staaten.

---

1 Bildquelle: https://www.bundestag.de/htdocs_e/artandhistory/history/parliamentarism/1848

Eigeninitiative umgesetzt werden.	Österreichs.	

- **=> Defensivbündnis einzelner Fürsten.**
- **26. September 1815 Gründung der Heiligen Allianz.**
- Bund aller christlichen europäischen Staaten (außer England, Vatikan) gegen revolutionären Tendenzen.
- In Deutschland **Burschenschaften** (= Studentenvereinigungen) gebildet, welche nationale Einheit und eigene Verfassung forderten.
- **18. - 19. Oktober 1817 Wartburgfest.**
- Von Studenten organisiert um Reformation und Sieg über Napoleon bei Leipzig zu feiern.
  → Darin sehen sie Streben nach Freiheit.
- **23. März 1819 Ermordung von August von Kotzebue.**
- Kotzebue war im Auftrag von Russland im deutschen Bund, Mord wegen Unterdrückung der liberalen und nationalen Bestrebungen durch Heilige Allianz.
  => Österreichischer Staatskanzler von Metternich versucht Bewegungen polizeilich zu unterdrücken.
- **20. September 1819 Karlsbader Beschlüsse (NA1/M6).**
- Reaktion von Metternich auf das Wartburgfest.
- **a1)** Staatstreue Beobachter sollen Universitäten bewachen.z
  => Frühe Bekämpfung von liberal-nationalen Tendenzen durch ständige Präsenz.
- **a2)** Lehrer, die liberal-nationales Gedankengut verbreiten und Gemüter der Jugend verderben, im oder außerhalb des Dienstes sollen suspendiert werden und dürfen nicht mehr Lehrer sein.
  => Keine (bewusste/unbewusste) Einflussnahme der Beeinflussbaren (Amtsentzug = Berufsverbot), zwischenstaatliche Zusammenarbeit der Heiligen Allianz.
- **a3)** Burschenschaften u.a. werden verboten, mit voller Härte des Gesetzes bestraft. Personen, welche nichtsdestotrotz in solche eintreten oder bleiben, dürfen kein öffentliches Amt mehr ausüben.
  => Schutz der Monarchie, Demonstration von Stärke.
- **b1)** Liberal-nationales Gedankengut darf nicht über Presse verbreitet werden, alle Drucke unter 20 Seiten müssen vom Staat genehmigt werden.
  => Entgegenwirken von Flugblätter und Prospekten, welche untere Bevölkerungsschichten beeinflussen.
- **c1)** Revolutionärem Untreiben entgegenwirken.
  => Schürt Ängste, da Revolution mit Jakobinerherrschaft in Frankreich verbunden wurde.
- **Gesellschaftliche Auswirkungen von NA1/M6:**
- Gegenseitige Überwachung, Liberal-Nationale gehen in Untergrund, ins Exil oder resignieren
  → **Biedermeier.**
- **1830 – 1848 Vormärz.**
- **27. Mai 1832 Hambacher Fest.**
- **Programm:** Von *Julirevolution* und *polnischem Nationalismus* geprägt, deutsche Einheit gefordert, Solidarität und Sympathie zu anderen Nationalstaaten.
  => **Internationalistischer Nationalismus.**
- **Forderungen des Hambacher Festes.**

Liberale Forderungen	**Demokratische Forderungen**
Politische Mitsprache Volksvertreter. Ablehnung allgemeinen Wahlrechts, für Männerwahl. Befürworter Monarchie.	durchRedner vom Hambacher Fest Siebenpfeiffer: Für Republik, desAbschaffung des Königtums, allgemeines Wahlrecht. reineSiebenpfeiffer heizte vielen Menschen ein, jedoch blieben nur derwenige Deutsche auch Demokraten

=> Je mehr Redner dem Volk einheizten, desto größer wurden Anstrengungen der Monarchen

und Fürsten, liberal-nationalen Tendenzen zu unterdrücken.
- **28. Juni 1832 Bundesbeschluss über Maßregeln gegen liberal-nationale Opposition.**
- Metternich erweiterte **Karlsbader Beschlüsse** um *6 Zusatzartikel*.
  => Liberal-nationales Gedankengut konnte nicht aufgehalten worden.
- Studenten sammeln sich um Schriftsteller Georg Büchner, werden radikaler und beginnen zu Handeln.
- Flugblätter verteilt, die untere Schichten über Missstände aufklären.
  - → Viele Nationalisten verhaftet oder wanderten ins Exil nach Frankreich.
- **1837 Berufsverbot für Göttinger Sieben.**
- Die Gebrüder Grimm und 5 weitere Göttinger Professoren verbreiteten ihre Meinungen und Einstellungen zum Staat und erhielten Berufsverbot.
- Preußen und Österreich wollen keine Kompromisse eingehen, setzen auf Repression → Lage spitzt sich zu.
- **1840 Friedrich Wilhelm IV. von Preußen besteigt den Thron.**
- Setzt die von seinem Vorgänger versprochene Verfassung ebenfalls nicht durch.

> **Interessant!**
> **Wirtschaft fördert Nationalismus.**
> Eisenbahnnetz wurde grenzübergreifend verlegt um Handel zu fördern. **1834** deutscher Zollverein gegründet, dient später als klein-deutsche Lösung.

- **Verstädterung.**
- Land entließ durch Modernisierung und Technologisierung immer mehr Arbeiter (= Rationalisierung).
- Menschen (junge, unverheiratete Männer waren flexibel) wanderten vom Geburtsort zu Arbeitsplätzen.
- Tradition der Berufsvererbung aufgelöst worden.
  => Traditionsbruch führte zu schnelleren Unabhängigkeit der Kinder.
- Stadt bietet Arbeitsmöglichkeiten in Industriebranche, im Handwerk und Dienstleistungssektor.
- **Ost-West-Wanderung**: Ehemalige Bauern zogen aus Ostpreußen nach Berlin, Sachsen oder ins Ruhrgebiet.
- **Urbanisierung**: Ausdehnung der städtischen Lebens-, Wirtschafts- und Verhaltensformen.
- **Gewerberegion** hat eine hohe Bevölkerungsdichte, erfahrene Meister, genügend Kapital, qualitative Arbeiter.
- Bodenschätze sorgen für *Industrieboom* in einigen Regionen.
- Bedingungen: Kurze Transportwege, Kontakte zu anderen Staaten und Geldgebern, dichtes Städtenetz, Abnehmer in Nähe.
- Nähe zu Metropolen, Auslandsverbindungen und Bildungseinrichtungen erleichtern Maschinenbau.
- **Ruhrgebiet** wächst in 2 Jahren zum industriellen Ballungsort heran.
- **Protestantisches Ruhrgebiet** wurde vermehrt von katholischen Polen besiedelt (→ Konfliktpotenzial).
  - Viele Zuwanderer aus Balkan, welche nach Arbeit suchten, in Nähe ihresgleichen lebten; in Wohnvierteln heimische Traditionen gepflegt.
    → Zusammenarbeit von Aus- und Inländern wurde u.a. durch **Bergwerksarbeit** gefördert, welche Vertrauen erfordert.
- Wachstum der Städte wird begleitet von Veränderung der Lebensverhältnisse.
- Stadtverwaltungen mussten neue Aufgaben wie z.B. Kanalisation, Straßenbeleuchtung, Verkehrswege, etc. angehen.
- Wandel in Städten vollzog sich schnell und umfassend.
- Kritik an Lebensverhältnissen und moderner Entwicklung wächst.
- Dennoch ist in Deutschland städtischer Lebensstil zum gesellschaftlichem Leitbild geworden.

- **Beginn des Arbeiterelends.**
- Nur vermögende Bürger lebten in Villen, Mietpalast galt als Luxuswohnung.
- Alle Anderen lebten in Wohnungen, deren Größe variabel zum Einkommen war.
- Damals waren Küche und Wohnung nicht immer getrennt, Lebensraum der Arbeiter sehr beengt.
- Industriegesellschaft schwächt Macht der Kirche durch ihre Vormachtstellung.
- Arbeiter entwickelten sich zu großer gesellschaftlicher Gruppe im Industriezeitalter, aber lange nicht als Einheit verstanden.
  - Waren frei, mussten aber ohne eigene Produktionsmittel für Unternehmer arbeiten.
  - → Arbeitskraft wird zur Ware, ihr Preis ist abhängig vom Angebot und Nachfrage.
  - => Marktlage bestimmt Entwicklung der Menschen, da Arbeit und Lohn abhängig von Konjunktur.
  - => Lohngefälle bildete Kluft zwischen Arbeitern.
- Deutsche Gebiete überwiegend aus Ackerfläche bestanden, 60% der Menschen lebten auf dem Land.
- Durch preußische Ackerreformen gab es mehr Ertrag und Rationalisierung, Freizügigkeit der Bauern ermöglicht.
  - → Landflucht, da Bauern in Städten nach Arbeit suchten => **Pauperismus**.
- **1840 Industrialisierung beschleunigte sich.**
- Unternehmer bestimmen Arbeitsbedingungen diktatorisch.
- Arbeiter mussten sich Herrschaft der Fabrikordnung unterordnen, familiäre Autorität gerät ins Wanken.
- 90 Stundenwoche, Frauenarbeit, Kinderarbeitszeit lag bei 48 - 70 Stunden pro Woche.
- Arbeitsbedingungen schlecht, strenge Disziplin, schlechte Luft und Lärm.
  - Zudem viele Arbeitsunfälle, sodass Haupternährer ausfällt und gesamte Familie verarmt.
  - → Arbeiter wurden meist nicht älter als 50 Jahre.
- Darum beruflicher Aufstieg schnell gewünscht, in kleinen Schritten gedacht.
- Vom Fabrikarbeiter zum Angestellten, von Mietskaserne zum Arbeiterwohnhaus.
  - => Ziele von über 70% der Arbeiter.
- Facharbeiter mit verantwortungsvollen Aufgaben galten als **Elite der Arbeiter**.
- Soziale Ungleichheit, Notlage und ungelöste Probleme führen zur **sozialen Frage.**
  - → Ungewohnte Fabrikarbeit, Unsicherheit der Existenz, schlechte Wohnbedingungen.
- Ökonomische und politische Bedingungen prägen soziale Lage der Arbeiter.
- Arbeiter erkannten Probleme, wollten sich durch Solidarität und Stärke gegen Kapital erheben.
  - => Solidarität wurde zum wichtigstem Gegenpol gegen die Unternehmer.
- Reale Chancen zur Emanzipation in Gesellschaft, politischen Gleichberechtigung und Verbesserung der Lage sehr gering.
- Ansteigende Löhne und SVs verbessern Lage der Arbeiter jedoch nicht sozialen Gegensätze.
  - **Die Soziale Frage**
- Kirche, Zünfte, Stiftungen, Familie kümmerte sich seit Mittelalter um Wohl der Arbeiter.
- Politische Revolutionen des **18. und 19. Jahrhundert** sprengten diese Ordnung.
- Zunftordnung wegen Lohnarbeit und Mechanisierung gebrochen, Heimarbeit durch Maschinenarbeit abgewertet.
- In Industriestädten keine Gemeinschaft wie früher in Dörfern, darum keine Absicherung im Alter, bei Krankheit, Armut etc.
  - → Ständische Ordnung löste sich auf.

	Vorindustrielle Zeit	Industrielle Zeit
Arbeit	Feldarbeit, Heimarbeit (Weben), Selbstversorgung, Handarbeit/ Manufaktur.	Fabrikarbeit, Landflucht, Lohnarbeit, Trennung von Wohnung und Arbeit, Heimarbeit als Zusatzverdienst.
Produkt	Individuelle Einzelstücke, Heimarbeit (hauptsächlich im Textilbereich).	Massenartikel, Fabrikarbeit, ggf. Entfremdung vom Produkt.
Lebensraum	Ländlicher Lebensraum, Haus als Eigentum, ggf. Personal und Pächter.	Verstädterung, Platzmangel, fehlendes familiäres Umfeld, Untermieter, Kostgänger (bekommt Essen, teilt sich Bett, Etappenschlafen), Mietskaserne.
Lebensgestaltung	Flexiblere Arbeitszeiten.	Extreme Arbeitszeiten.
Soziales	Dörfliche Gemeinschaft / Unter-stützung, Kultur, Feste, Feiern.	Vereinsamung, Aufgabe der Familie / Heimat, Migration, Kneipenkultur, Sport.

Die Soziale Frage umfasste folgende Bereiche.			
Schlechte Wohnverhältnisse (eng, feucht, dunkel, voll).		Unterdrückung von Gewerkschaften.	Schlechte Arbeitsverhältnisse (lange Arbeitszeiten, geringer Lohn, Unterdrückung, kein Arbeitsschutz).
Hohe soziale Ungleichheit.	Kinderarbeit.	Armut trotz Arbeit (auch im Alter).	
Schlechte Ernährung.	Gesundheitliche Probleme.	Geringe Bildungschancen.	

- **Lösungsansätze zur Sozialen Frage.**
- Ausgaben der Städte gegen Armut stiegen, man hatte mit vielen Auswanderern (nach Amerika) zu kämpfen.
- <u>Für Arbeiter</u>: Einigkeit beim Streik, Gewerkschaften.
- <u>Für Einzelnen</u>: Überstunden, Einsparungen, Kinder aus dem Haus geben, Untermieter aufnehmen.

Motive der einzelnen Gruppen Antworten auf die soziale Frage zu finden			
Unternehmer	**Staat**	**Arbeiter**	**Kirche**
Bindung des Arbeiters an Betrieb. Ver-hinderung von Streiks und gewerkschaftlicher Organisation aus Angst vor Arbeits- und Wohnungsverlust. Steigerung der Produktivität durch Gesundheitsvorsorge, bessere Wohnver-hältnisse etc. Einflussnahme auf Denken der Arbeiter, Erziehung zum Untertanen. => **Herr-im-Haus-Politik.**	Sicherung von Ruhe und Ordnung innerhalb des Staates. Eindäm-mung der Sozialdemokratie. So-zialistengesetze und Einführung der Sozialgesetzgebung → Sozialdemokratie sollte zudem überflüssig werden. Steigerung der Produktivität.	Verbesserung der sozialen Lage. Existenzsicherung. Bescheidener Wohlstand. Politische Mitsprache-möglichkeiten steigern. Sozialer Aufstieg möglich. Vorbildeffekt schafft Selbstbewusstsein.	Christliche Nächstenlie be. Bindung an Kirche. Rettung des Seelenheils.

5

- Englands **Garnproduktion** ist 80x höher als **1764**.
- Produktivität des **Webverfahrens** in England war 30x höher als **1760**.
- Nach einiger Zeit profitierten auch andere Branchen vom **Aufschwung der Textilindustrie**.
- *Kohlebedarf* in Städten stieg, Einsatz von **Dampfmaschinen** erleichterte Förderung von Kohle.
- Schwerindustrie hatte Interesse an Kohle, da neue Verfahren zu härterem Stahl führten.
  - Stahl wurde für *Rüstungsindustrie* genutzt, dennoch wurde England zum **Stahlexportmeister**.
- **Synergieeffekte:** In Kohlebergwerken wurde auch Eisenerz gefördert, sodass Kohle- und Eisenindustrie davon profitierten. Später profitierten beide von Lokomotive, da Stahlschienen benötigt und Antrieb durch Kohle.
- Arbeiter leben in menschenunwürdigen Verhältnissen.
- Immer mehr Arbeiter stürmen Fabriken und zerstören Maschinen.
- Militär und Polizei schlagen Aufstände gewaltsam nieder.
- Import von englischen Tuchwaren führte zu neuem Wettbewerb und Preissenkungen.
- **1844 Weberaufstand in Schlesien.**
  - 3.000 Aufständische aus schlesischem Riesengebirge zerstören Maschinen, Buchführungsanlagen und Wohnungen der Fabrikanten und Verleger, forderten höhere Löhne.
- Nach 3 Tagen wurde Aufstand durch preußische Armee unter 11 Toten niedergeschlagen.
- Viele Aufständische wurden zur Abschreckung verhaftet und ins Zuchthaus gebracht.
- **6. Juni 1844 Fabrikordnung Brügelmann in Cromford (431/M1).**
- §1 Bindung an Arbeit.
- §2 Pünktlichkeit gefordert, Unpünktlichkeit wird mit 25% - 50% Tageslohnverlust bestraft.
- §3 Wenn nötig **muss** der Arbeiter Überstunden machen / sonntags arbeiten, jedoch gegen ausreichende Bezahlung.
- §4 Krankmeldung erfolgt vor Arbeitsbeginn beim Spinnmeister.
- §5 Arbeiter müssen 6-Tageslohn behalten um im Falle von Beschädigung eine Entschädigung leisten zu können.
- §6 Kündigung muss mindestens 2 Monate früher beim Spinnmeister angemeldet werden, erfolgt am Zahltag, max. 3 am Tag.
- §7 Wer unentschuldigt fehlt oder nicht rechtzeitig kündigt verliert Lohn von 6 Tagen, wird strafrechtlich verfolgt.
- §8 Jegliche Arten von Streiks sind verboten, werden mit sofortiger Entlassung und strafrechtlicher Verfolgung bestraft.
  Wenn jedoch begründete Unzufriedenheit herrscht, kann dieses Anliegen beim Fabrikherren vorgetragen werden.
- §9 Veruntreuungen jeglicher Art werden angezeigt, Komplizenschaft / Mitwissen ebenfalls.
- §10 Rauchen ist in Fabrik verboten.
- §11
- Unbedingter Gehorsam des Arbeiters gegenüber Meister.
- Kein Besuchsrecht für Verwandte / Bekannte des Arbeiters.
- Arbeiter muss Arbeitszeiten genau einhalten, Ruhe und Stille in Arbeitsstätten geboten.
- Ohne Genehmigung des Spinnmeisters darf Arbeiter den Arbeitsplatz während Arbeitszeit nicht verlassen.
- Spirituosen dürfen nur mit Erlaubnis des Spinnmeisters mitgebracht werden.
- Verbot des Betretens von Bereichen, in welchen Arbeiter nichts zu tun hat.
- Arbeiter sollen Ordnung halten, Werkzeuge nach Gebrauch wieder zurückstellen.
- Spinnmaschinen sollen regelmäßig nach Aufforderung der Spinnmeister gereinigt werden. Modifikationen sind verboten.
- Helfer der Arbeiter muss selbst besorgt werden, Fabrikherr oder Spinnmeister dürfen jene entlassen oder genehmigen.

- Helfer sollen pünktlich und fleißig arbeiten, sich nicht unerlaubt von Maschinen entfernen, Arbeiter sollen ihre Helfer ernst, streng und gerecht behandeln. Nachlässigkeiten und Ungehorsam der Helfer soll beim Spinnmeister angezeigt werden.
- Helfer sollen Arbeiter gehorchen, Werkzeuge sauber und ordentlich halten, Arbeiter um Erlaubnis bitten, Maschinen verlassen zu dürfen, müssen Mängel und Fehler an Maschinen umgehend an Arbeiter melden.
- §13
- Meister soll seine Aufgaben immer erfüllen, vor allem Maschinen besorgen und in Stand halten, in und nach Arbeitszeit.
- Meister ist Erster der kommt und Letzter der geht.
- Nur begründet darf Meister sich von seinen Untergebenen entfernen.
- Meister soll Respekt der Arbeiter durch Strenge, Unparteilichkeit und Gerechtigkeit erhalten.
- Meister soll Fabrikordnung durchsetzen, Zuwiderhandelnde anzeigen, damit diese strafrechtlich verfolgt werden können.
- Meister soll keine Betrunkenen in Arbeit dulden und Arbeiter in ihrem Bereich halten.
- Meister darf keine Verwandten / Bekannten ohne Genehmigung in Fabrik dulden.
- Meister ist verantwortlich für Ordnung und Reinlichkeit in Sälen und Werkstätten.
- §14 Nichtachtung der Fabrikordnung wird sowohl beim Arbeiter als auch beim Meister mit Lohnkürzungen bestraft, um Unkenntnis entgegenzuwirken wird Verordnung in allen Sälen ausgehängt.
- **Welche Bereiche betrifft die Fabrikordnung?**
  - Arbeitszeit, Gehorsam, Verhalten während Arbeit, Sauberkeit und Ordnung, Betreuung der Untergebenen, Sicherheit.
- **Welchen Zweck sollen diese Verordnungen erfüllen?**
  - Gewöhnung an Arbeitszeit, -intensität, -regelmäßigkeit; Produktionspotenzial voll ausnutzen.
  - Aktive **Herr-im-Haus-Politik** ausüben, Sicherheit gegen Streiks.
- **Wie sieht die Hierarchie aus?**
  - Fabrikherr → Comptoir → Spinnmeister → Arbeiter → Aufstecker, Aufmacher
- **Welchen Sinn haben einzelne Verordnungen und wie durchzuführen?**
  - Hilfskräfte der Arbeiter müssen wenig leisten, Arbeiter kann produktiver arbeiten, Hauptsächlich (eigene) Kinder für diese Arbeit ausgewählt.
  - Überstunden dienen dazu, Aufträge rechtzeitig fertigzustellen, jedoch setzen sie Arbeitern zu.
  - Wenn Arbeiter zur Ordnung angehalten wird, dann arbeitet er effektiver. Meister kann dies leicht durchführen.
  - Kein Alkohol oder Tabak in Fabrik erlaubt um Arbeitsunfällen zu entgehen, kann leicht entdeckt und umgesetzt werden.
  - Im Falle von Unzufriedenheit kann man sich beim Fabrikherren beschweren, jedoch dauert es bis zum Termin, sodass sich Problem bereits erledigt haben könnte. Angst der Arbeiter sich persönlich zu beschweren, da Arbeitsverlust Folge sein kann. Chancen auf Änderungen sehr gering.
- **1846 Adolf Kolping gründet katholischen Gesellenverein.**
- Mainzer Erzbischof von Kettler entwickelt Soziallehre der **katholischen Kirche**.
- Unternehmer (Krupp) boten Arbeitersiedlungen um Arbeiter näher an Fabrik zu halten.
  - Des Weiteren ist Arbeitsfähigkeit zu erhalten gewünscht, sodass Lohnausgleich durch Verkauf günstiger Naturalien, Kinderbetreuung, Nachschulung, Unterhaltung für entstehende Freizeit geschaffen wurde.

- → Freiwillige Sozialpolitik der Unternehmer, jedoch wichtig für Unternehmenskultur.
- Aus dieser Sozialpolitik wurde neuer Wirtschaftszweig:
  Arbeiterwohnungsbau → Baugenossenschaften.
  Einkaufsläden → Konsumketten.
  Unterhaltungsangebote → Kino, Kabarett
  => Staat überlässt Unterstützung von Bedürftigen der lokalen Armenpflege.
- **1847 Missernten sorgen für Hungersnöte und schlechtere Verhältnisse für Arbeiter.**
- **1847 Friedrich Wilhelm IV. etabliert Ständevertretung.**
- **Vereinter Landtag** nach absolutistischem Vorbild, provoziert Großbürger.
- Darf lediglich über Staatsausgaben beraten und nicht ohne des Königs Wunsch zusammenkommen.
- In erster Sitzung fordert sie mehr Rechte und Autonomie, jedoch löst König sie auf.
- **1848 Marx arbeitet zusammen mit Engels.**
- **21. Februar 1848 Kommunistisches Manifest (424/M2).**[2]
- In jeder Gesellschaft gibt es Unterdrücker und Unterdrückte, welche sich bekämpfen.
- Kampf endet entweder in revolutionärer Umgestaltung der Gesellschaft oder im Untergang der kämpfenden Klasse.
- **1789** Wandel zur bürgerlichen Gesellschaft.
- Bürger sind Grund für Spaltung der Bevölkerung in Proleten und Bourgeoisie.
- Vorher wurde Volk von Feudalherren, Monarchen oder Klerikern ausgebeutet, nun gewandelt zu kapitalistischer Ausbeutung durch Männer aus Volk, natürliche Freiheit durch gewissenlose Handelsfreiheit ersetzt.
- Globalisierung führt zur Ausbeutung lokaler Arbeiter, Verlagerung der Arbeit und neuen Rohstoffe, welche benötigt werden.
- Arbeit wird stark vereinfacht, sodass keine qualifizierten Arbeiter mehr benötigt werden.
  => Entfremdung durch Aufteilung der Arbeitsschritte.
- Löhne beschränken sich nur auf Lebensunterhalt und Fortpflanzung der Arbeiter.
- Militärische Zustände in Fabrik, darunter Gehorsam und Knechtschaft der Arbeiter.
- Aufruf zur sozialistischen Revolution, damit Klassengesellschaft aufgehoben wird (Alleinherrschaft des Proletariats).
- Arbeit soll sich von Mittel zum Leben hin zum **ersten Lebensbedürfnis** wandeln.
- Genossenschaftlicher Zusammenschluss führt zu höherer Produktivität und Entfaltung der Individuen.
- Sozialistische Revolution für Übergang zum Kommunismus : *Jeder nach seinen Fähigkeiten, jeder nach seinen Bedürfnissen.*
  - **Verhältnisse der Warenproduktion im vorindustriellen Zeitalter.**
  - Soziale Rangordnung, man wird in Stand hineingeboren und verlässt ihn nicht mehr.
  - Warenproduktion: vorwiegend Handarbeit, Feudalismus, Heimarbeit, Subsistenzwirtschaft.
  - **Verhältnisse der Warenproduktion in Marx' Manifest.**

Z.20 Idealisiert Vergangenheit, jedoch ironisch. Kaum Unterschiede zur Vergangenheit und Gegenwart.	Z.26 Weder früher noch heute gab es gefühlvolle Beziehung zwischen Arbeiter und Herr.
Z.30 Arbeiter als Objekt gesehen.	Z.46 Entfremdung von Arbeit durch einfache, einzelne Arbeitsschritte.
Z.55 Arbeitermassen werden in Fabriken	Z.51 Arbeiter als billige, ersetzbare Kraft.

2   Genauer nachzulesen: Marx,K. Engels, F.: Das kommunistische Manifest, Anaconda Verlag, 2008, ISBN: 978-3-86647-439-0

zusammengedrängt.	
Z.49 Arbeiter als Zubehör der Maschine.	Z.59 Arbeiter als Knechte der Bourgeoisie und Maschinen.

- **Beurteilung.**
  - **Aktuelle Ansätze.**
  - Geld ist heutzutage besonders mächtig, Dritte-Welt Länder werden immer noch ausgebeutet.
  - Globalisierung hat seit verfassen des Manifests stark zugenommen.
  - Es gibt Staaten, welche Kommunismus umsetzen wollen, aber scheitern (Nordkorea).
  - Sozialstaaten bzw. Leistungsgerechtigkeit wurde eingeführt.
  - **Unrealistische Aspekte**
  - Man kann 2 Klassenteilung nicht aufheben, da Personen an Macht bleiben wollen und, wenn alle gleichen sozialen Stand haben, einige nach mehr Macht streben werden.
  - Stillen der Bedürfnisse muss erklärt werden, da Bedürfnisse nach Luxusgütern z.B. in unserer Gesellschaft vorhanden sind.
- **1848 – 1849 Märzrevolution.**
  - Verschiedene, miteinander verknüpfte Revolutionen in allen europäischen Staaten, außer Russland mit liberalen Forderungen.
  - Zeugt vom Willen zur Demokratie, seltene Revolution von unten in Deutschland.
  - Freiheit der Völker gefordert, viele Gegensätze in einzelnen Revolutionen.
  - Keine Zuordnung in Nationen, die konkurrierende Interessen vertraten und keinen Vorschlag über Umgang mit **Vielvölkerstaaten** wie deutsch-dänisch sprachigem Herzogtum Schleswig.
    => Führte zu Streitigkeiten in **Vielvölkerstaaten** und arteten in Kriegen aus.
  - **Märzrevolution** verbreitete liberal-national-demokratische Forderungen der Aufklärung in Europa, sorgte für Verfassungsstaatsmodell der Moderne.
  - Konflikte innerhalb von Nationalitäten, darum territorialer Neuordnung der Staaten Europas.
- **27. Februar 1848 Volksversammlung in Mannheim.**
  - Bildungsbürger, Beamte und Freiberufliche lenken Volksversammlung in liberal-nationale Richtung.
    => Volksversammlungen breiten sich nun auf ganz Deutschland aus.
  - Abgeordnete tragen ihre Forderungen den Fürsten oder Königen vor.
- **März 1848 – Sommer 1849 „Das tolle Jahr".**
  - Straßen- und Barrikadenkämpfe schienen alte Ordnung gebrochen zu haben.
  - Baden, von Februarrevolution inspiriert, setzte 2 Kammernwahlsystem um.
  - Februarrevolution machte deutsches Volk unruhig, Friedrich Wilhelm IV. befürchtet neue Missstände.
- **1848 Märzforderungen.**
  - Trotz <u>lokaler Unterschiede</u> wurden übereinstimmende Ziele gefunden.

> **Blick ins Ausland!**
> **1848 Februarrevo-**
> **lution in Frankreich.**
> Ursachen sind hohe Brotpreise, Konjunkturkrise und Selbstbereicherung der Regierenden. Kritik am Zensuswahlrecht, da breite Masse kein Mitspracherecht hat. Bürgerkönig Louis Phillipe dankt ab, 2. Republik wird ausgerufen.

Politische Forderungen	Soziale Forderungen
Abschaffung der Karlsbader Beschlüsse. Einführung einer Verfassung. Garantie der Menschen- und Bürgerrechte. Politisches Mitspracherecht. Einheit der Nation durch Nationalstaat.	Soziale Gerechtigkeit. Bessere Lebensstandards für unteren Schichten. Recht auf Arbeit

- **Heterogenität der Ziele.** Es bildeten sich 3 unterschiedlich große Gruppen:

Bildungsbürgertum	Städtische Unterschichten	Landbevölkerung
Bildeten politischen Köpfe der Revolution und Mehrheit in Frankfurter Nationalversammlung.	Stellten sich in Straßen- und Barrikadenkämpfen gegen Armee.	Lehnten sich gewaltsam gegen Adel und Monarchie sowie deren Machtsymbole auf.
Gegen Ständesystem und Monarchie, Wollten liberal-nationales Programm durchsetzen.	Für soziale Gerechtigkeit und Existenzsicherung. Aus materieller Not entstanden soziale Forderungen.	Verbrannten Grundbucharchive und Schlösser. Gegen Verleger und Fabrikanten, dachten nicht langfristig.

- Radikalisierung durch Arbeiter und Handwerker in Groß- und Hauptstädten aufgrund sozialer Missstände.
  - In Klein- und Mittelstaaten erste Erfolge, da napoleonischen Verfassungen aufgegriffen wurden.
- **Es erfolgte eine Abspaltung von 3 Gruppen anhand deren politischer Gesinnung**

Gemäßigte Liberale	Radikale Demokraten	Konservative
Für Verfassung, Rechtsstaat, Zensuswahlrecht und konstitutionelle Monarchie.	Für Verfassung, Rechtsstaat, allgemeines Wahlrecht und Republik.	Nur für notwendigste Veränderungen, von Preußen und Österreich beeinflusst, handeln in deren Interessen.

Probleme in Österreich angetrieben durch Politik von Metternichs.		
Liberales Bürgertum	**Arbeiter in Vorstädten**	**Eigene Nationen in Österreich**
Fordern Reformen gegen wirtschaftliche und politische Rückständigkeit.	Soziale Missstände treiben zum revolutionärem Bewusstsein an. Nationalgedanke kommt auf.	Unabhängigkeit im Vielvölkerstaat erstrebt.

- **13. März 1848 Unruhen in Wien.**
- Metternich wurde vertrieben und flieht nach England.
- Kaiser Ferdinand I. versprach Verfassung und zog Armee ab.
  => Obrigkeit flieht und versucht revolutionäre Bestrebungen komplett einzudämmen.
- Preußischer König setzt **Vereinten Landtag** wieder ein, verspricht Verfassung und Aufhebung des Zensuswahlrechts aus Furcht vor ähnlichen Entwicklung wie in Frankreich **1789**.
- **18. März 1848 Versammlung von Revolutionären um preußischen König zu feiern.**
- Viele versammelten sich um Berliner Schloss, als unabsichtlich Schüsse fallen und Menge in Aufruhr gerät.
  - Harte Auseinandersetzungen mit Barrikadenkämpfen folgen, 143 Tote (**Die Märzgefallenen**).
- **19. März 1848 Versprechen des preußischen Königs Truppen abzuziehen.**
- Revolutionäre feiern Abzug der Truppen aus Berlin und Wien.
  → Jedoch Truppen kaum dezimiert, *Vergeltungsschlag* geplant.
- **26. März 1848 Heidelberger Märzforderungen (363/M1).**

Volks-heer	Gerechte Richter	Staatsbürgerrecht	Laizismus	Religions-freiheit	Presse-freiheit
Gebühren für Benutzen des Landes oder Infrastruktur sollen	Verfassung nach amerikanischem Vorbild mit Menschen- und	Garantie der persön-lichen	Abschaffung des Adels	Arbeiter-elend soll bekämpft	

entfallen	Bürgerrechten	Freiheit durch Gesetze		werden

- **28. März 1848 Ausruf eines liberalen Regierungskabinetts in Preußen.**
- Süddeutsche, liberale Demokraten berufen ohne Legitimierung Vorparlament ein, um Nationalversammlung zu wählen.
- Liberale Mehrheit im Parlament lehnt Republikgründung ab, territoriale Neuordnung Deutschlands mithilfe der Fürsten gefordert.
- **25. April 1848 Verfassung für Österreich verabschiedet.**
- Volk hatte kein Mitspracherecht bei Verfassung und bekam diese aufgezwungen.
- **15. Mai 1848 Nach Aufständen wird österreichische Verfassung zurückgezogen.**
- **18. Mai 1848 Frankfurter Nationalversammlung Paulskirche eröffnet.**
- Vorsitzender ist Freiherr von Gagern, über 50% der 830 Abgeordneten sind Beamte(Großbürger).
  → Wähler trauten Politik nur bekannten, gebildeten Bürgern zu und wählten eben diese.
- Deshalb Schimpfwort *„Professorenparlament"* geschaffen, könne deutsche Staaten nicht vertreten.

Diskussionsthemen der Nationalversammlung	
Zukünftige Staats- und Verfassungsordnung wurde diskutiert, sowie nationale Frage.	
Demokraten waren in **Minderheit**	Liberale waren in **Mehrheit**
Forderung einer Republik	Moderne, gewählte Legislative mit monarchischer Zentralgewalt
Abschaffung der einzelstaatlichen Strukturen und Schaffung eines einheitlichen Staates	Bundesstaat mit zentraler Legislative, monarchischen Zentralgewalt und föderalen Elementen

- **Frage nach der Größe des deutschen Staatsgebietes.**

Großdeutsche Lösung	Kleindeutsche Lösung
Deutscher Bund wird Deutschland, Polen in Ostpreußen annektiert, gegen Nationalgedanken. 1/3 Österreichs liegt in Deutschland. => Deutschland wird **Habsburger Imperialstaat**	Preußischer König für Deutschland, Österreichische Gebiete nicht annektieren, Ausschluss Deutscher in Österreich.
=> **Widerspricht Prinzip des Nationalgedankens.**	=> Entscheidung **wird angenommen**, verstärkt jedoch Rivalität zwischen Österreich und Preußen.

- **22. Mai 1848 Verfassungsgebenden Versammlung nach allgemeinen Wahlrecht.**
- Friedrich Wilhelm IV. will eigene Macht behalten.
- **4. Juni 1848 Fanny Lewald äußert sich zur Teilnahme der Frauen am Berliner Trauerzug (367/M4).**
- Kritik:
- Frauen haben unterschiedliche Stärken, schaffen es doch Weiblichkeit zu erhalten.
  → Frauenrolle kann nicht einfach aufgelöst werden.
- Legitimation durch Gott in Zeiten der Aufklärung kontrovers.
- Höhergestellte Männer lehnen Emanzipation ab.
  => Deutsches Gesellschaftsbild zeigt keine Frauen (Bruch mit Tradition).
- **10. Juni 1848 Forderungen des Zentralkomitees der Arbeitervereine (364/M3).**

- Seit 1848 viele Arbeitervereine gegründet, sodass diese Zentralkomitees vereinen.

• 1. Mindestlohn und -arbeitszeit. • 2. Kontrolle durch Rat von Arbeitern und Arbeitgebern. • 3. Keine indirekten Steuern mehr, progressiver Steuersatz. • 4. Förderung der Bildung durch staatlichen Unterricht. • 5. Förderung der Bildung durch staatliche Bibliotheken. • 6. Meister sollen maximale Anzahl an Lehrlingen haben. • 7. Keine Leiharbeit.	• 8. Wahlmänner müssen nur noch mind. 24 Jahre als sein. • 9. Existenzsicherung durch Staat. • 10. Einrichtung staatlicher Weiterbildungsstätten. • 11. Existenzsicherung im Krankheitsfall (soziale Absicherung). ,• 12. Heimatverbundenheit und Freizügigkeit. • 13. Beamtenwillkür abschaffen, Entlassungen der Arbeiter müssen von Kommission genehmigt werden.

    => Hauptsächlich soziale Forderungen.

- **10. Juni 1848 Forderungen des Zentralkomitees der Arbeitervereine (364/M3).**

Mindestlohn und -arbeitszeit	Kontrolle durch Rat von Arbeitern und Arbeitgebern	Keine indirekten Steuern mehr, progressiver Steuersatz	Bildung durch staatlichen Unterricht fördern
Bildung durch staatliche Universitäten fördern			
Existenzsicherung durch Staat	Anzahl der Lehrlinge für Meister begrenzt	Keine Leiharbeit	Wahlmänner mindestens 24 Jahre alt sein
Staatliche Sicherung bei Krankheit	Staatliche Weiterbildungsstätten	Beamtenwillkür abschaffen, Entlassungen sozial rechtfertigen	Heimatverbundenheit und Freizügigkeit

- => Hauptsächlich soziale Forderungen.
- **14. Juni 1848 Unruhen in Berlin.**
  - Arbeiter stürmen Zeughaus, bekämpfen Nationalgarde.
- **22. Juli 1848 Verfassungsgebender Reichstag in Wien.**
- **17. August 1848** Aufhebung aller **bäuerlichen Untertänigkeitsverhältnissen** durch Wiener Reichstag.
  - Überfälliger Modernisierungsschritt in Vergleich zu Europa.
  - Österreich darf nicht zu viele Zugeständnisse machen, sonst Reichsteilung.
- **23. August 1848 Arbeiterdemonstration** in Wien wird gewaltsam niedergeschlagen.
- **Herbst 1848 Unterschiedliche Fortschritte in einzelnen deutschen Staaten.**
  - In Süd- und Mitteldeutschland vor **1848** beratene Gesetze durchgesetzt.
    - Durch konstitutionelle Tradition und aktive Reformtätigkeit gelungen.
  - Alte Mächte vertrieben, Nationalversammlung musste noch Verfassung verabschieden.
    - → Druck städtischen und ländlichen Unterschichten nimmt ab.
- **6. Oktober 1848 Österreichische** Truppen greifen **Wien** an.
- **14. Oktober 1848 Wien** gelangt wieder in Hände der **Habsburger.**
- **10. November 1848 Preußische Armee** erobert ohne großen Widerstand **Berlin.**
- Als Nationalversammlung Einigung gefunden hatte, war revolutionäre Stimmung in

> **Interessant!**
> **Aufstände in Österreich.**
> **Sommer 1848** Oberitalien lehnt sich gegen österreichische Herrschaft auf. **Juni 1848** Pfingstaufstand der Tschechen. **1849** Aufstand der Ungarn. Nationale Bestrebungen in Österreich gewaltsam unterdrückt.

Deutschland weitestgehend erloschen.

- **28. März 1849 Verfassung des deutschen Reiches (365/M4).**[3]
  => Gilt als Modell für modernen Rechtsstaat, aber nicht umgesetzt.

§ 132 Staatsbürgerrecht	§ 143 Meinungsfreiheit, Aufhebung der Pressezensur u.ä.	
§ 133 Freizügigkeit	§ 144 Glaubens- und Gewissensfreiheit	§161 Versammlungsfreiheit
§ 136 Abschaffung der Auswanderungszölle		§ 162 Recht, Vereine zu gründen
§ 137 Isonomie, Ständegesellschaft abgeschafft, Beamtenlaufbahn für jeden möglich, Wehrpflicht.		
§138 Freiheit ist unantastbar	§ 152 Lehrfreiheit	§ 164 Schutz des Eigentums	§ 166 Kein Untertanentum mehr.
§ 139 Milderung des Strafkatalogs, jedoch gibt es Ausnahmen	§174 Unabhängigkeit des Gerichtes	
§ 140 Schutz der Wohnung	§ 155 Schulpflicht	§ 178 öffentliche Gerichtsverfahren
§ 142 Briefgeheimnis	§ 158 freie Berufswahl	§ 179 Instanz über Gerichten.

=> Rechtsstaatlich modern und fortschrittlich, jedoch durch gegenrevolutionäre Maßnahmen des Königs u.a., welche jakobinerähnliche Zustände befürchteten nicht umgesetzt.

---

3 Andere Quellen: https://upload.wikimedia.org/wikipedia/de/thumb/2/2b/Paulskirchenverfassung_1849.png/640px-Paulskirchenverfassung_1849.png

Französische Verfassung von 1791 und Paulskirchenverfassung 1848 im Vergleich

Gemeinsamkeiten

	Verfassung von 1791	Paulskirchenverfassung
Gewalten-teilung	Ex: König Leg: Nationalversammlung Jud: Geschworenen Gerichte	Ex: Kaiser Leg: Reichstag Jud: Reichsgericht
Regierungs-oberhaupt	König, an Verfassung und Gesetze gebunden Suspensives Vetorecht Ernennung der Minister Oberbefehlshaber der Armee	Kaiser, an Verfassung gebunden Suspensives Vetorecht Ernennung der Minister Oberbefehlshaber der Armee
Grundrechte	Verfassungsgrundlage	Verfassungsgrundlage
Wahlsystem	Indirekt	Indirekt

Unterschiede

	Verfassung von 1791	Paulskirchenverfassung
Kontrolle der Regierung	Fehlt völlig	Legislative (Reichstag) kontrolliert Regierung (König)
Judikative	Übergerichtliche Instanzen	Nur ein hohes Gericht
Legislative	Nationalversammlung aus Wahlmännern	Reichstag besteht aus Staatenhaus (Abgeordnete der Länderregierungen) und Volkshaus (Gewählte Vertreter)
Wahlrecht	Zensuswahlrecht	Allgemeines Männerwahlrecht
Staatsaufbau	Zentralistisch	Stark föderal

- Friedrich Wilhelm IV. soll zum **Kaiser der Deutschen** ernannt werden.
  - Lehnt Krone unerwartet mit Begründung ab, Gottesgnadentum zu verletzen und Volkssouveränität nicht anzuerkennen.
  - => Durch Ablehnung bildet sich in Süd- und Mitteldeutschen Staaten neue Revolutionswelle, die sogenannte **Reichsverfassungskampagne**.
- Fürsten lehnen widerwillige Anerkennung der Verfassung ab und lehnen sich dagegen auf.
  - Österreich und Preußen ziehen Abgeordneten aus Nationalversammlung ab, sodass diese aufgelöst wird.
- **18. Juni 1849** Rumpfparlament aus süddeutschen Abgeordneten wird in Stuttgart gewaltsam aufgelöst.
- **20. Juni 1849 Eine Zeitung beurteilt den lokalen Frauenverein (369/M5).**
  - Belobigung des Engagements der Frauen, moderne Gedanken erlauben Emanzipation (zu gewissen Teilen).
  - Frau wird als Mensch gesehen, Teilnahme an öffentlichen Angelegenheiten stellt keinen Widerspruch zur Natur dar.
  - Frauenvereine sollen sich nicht Männerprogramm anschließen, sondern auf weibliche Weise helfen.
  - => Einfluss der Frauen ist nur gering.
- **23. Juli 1849 6.000 Revolutionäre ergeben sich in Festung Rastatt.**
  - Endgültiger Sieg der Großmächte gegen Revolution.
- **15. August 1849 Zeitung 'Die Biene' beurteilt republikanische Frauen (369/M7).**
  - Traditionelle Zeitung, liberal-gemäßigt, gegen Radikalismus.
  - Autor benutzt eigene Erfahrung und Gerüchte.
  - Frauen vergöttern revolutionäre Köpfe wie Hecker.
  - Vernachlässigen traditionelle, christliche Erziehung der Kinder und verpesten sie mit Freiheitsgedanken.
  - Frauen konzentrieren sich mehr auf Arbeit als auf Familie, tragen (Arbeiter-)Hosen und verhalten sich unsittlich.
  - Fehlender Eifer der Frauen, da Tadelung durch Bürgermeister einfach hingenommen wurde.
- **1849** Klein- und Mittelstaaten setzen sich mit Preußen und Österreich gegen liberal-nationale Forderungen durch.
  - Preußen und Österreich entlassen liberale Beamte, sodass Flucht ins Ausland um Anzeige wegen Hochverrats oder Majestätsbeleidigung zu entgehen.
- **Woran scheiterte die Revolution?**

Unterschiedliche Interessen	Einheitliche Revolutionsfront vom Frühling konnte sich nicht halten, da Interessen der Träger teilweise gegensätzlich waren.
Schwankende Mehrheit	Liberalgemäßigte wollen konstitutionelle Monarchie, aus Angst vor erneuter Jakobinerherrschaft. Radikaler Flügel schwächt ab und kann sich nicht durchsetzen.
Schwächen der Nationalver-sammlung	Fehlende Erfahrung mit demokratischen Arbeiten. Parlament ist unstrukturiert, Verfahrensweisen müssen erst entwickelt werden.
Fehlende Führung	Lokale Revolutionen erschweren koordiniertes Vorgehen.
Ausmaß der Aufgabe	Gleichzeitiges Lösen aller Aufgaben (Verfassung, Klärung aller sozialen und gesellschaftlichen Probleme) in solch kurzer Zeit unmöglich.
Illusion der	Scheinsieg, Warten auf Nationalversammlung, Beschlüsse schwächen

erfolgreichen Revolution	revolutionären Elan ab, keine Exekutive, gegenrevolutionäre Kräfte hatten Zeit sich zu reorganisieren.

Die große deutsche Revolution 1848

Grobe Unterteilung in 4 Phasen vorgenommen

0. Phase: Während den Befreiungskriegen.

- **Der Einfluss Napoleons auf die deutschen Staaten.**

Durch weitreichende Modernisierungsschritte der an Frankreich annektierten Nordseeküste und rechtliche Reformen in den Staaten des Rheinbundes (Code Napoleon) sollte das Volk ruhig gestellt werden. Baden, Bayern und Würtenberg erließen in einzelnen Edikten zusätzlich die Meinungs- und Gewissensfreiheit sowie effektivere Verwaltungssysteme und progressive Steuersätze nach französischem Vorbild um den Rückhalt im Volk sicherstellen zu können. Der aufkommende Gedanke der Nation gab den Menschen halt, in einer Zeit der Unsicherheit durch die Aufklärung, welche das seit Jahrhunderten bestehende Gesellschafts- und Herrschaftsmodell grundlegend in Frage stellte. Das Bildungsbürgertum grenzte sich von der französischen Herrschaft ab und verbreitete den deutschen Nationalgedanken. Die einzelnen deutschen Fürsten erkannten diesen nationalen Zusammenhalt und nutzen diesen zum eigenen Machterhalt aus. Der antifranzösische Hass und das Gefühl für das Vaterland kämpfen zu müssen festigten sich in den Befreiungskriegen ab **1813** und in der Völkerschlacht von Leipzig.

1. Phase: Zeit der Restauration und des Vormärzes.

- **Der Wiener Kongress.**

Vom **18. September 1814 bis zum 9. Juni 1815** tagte der Wiener Kongress mit vielen Vertretern europäischer Herrschaftsgeschlechter zur Wiederherstellung der alten (‚absolutistischen) Herrschaftsordnung. Gemäß vier Prinzipien sollte die alte Ordnung wieder herbeigeführt und nachhaltig geschützt werden. Gemäß der **Restauration** wurden die alten Adelsprivilegien wiedereingeführt und alte Herrschaftsgeschlechter (in Frankreich mit Ludwig XVIII. die Bourbonen) wiedereingesetzt. Deren **Legitimität** wurde wieder auf das Gottesgnadentum und nicht auf die Volkssouveränität zurückgeführt, die Bevormundung / Entmündigung der Bürger in allen politischen Bereichen umgesetzt. Ein besonderes Anliegen der Engländer war die sogenannte „**balance of power**", welche sie sich in Europa wünschten und vehement durchzusetzen suchten. Als Ausdruck der Solidarität entstand am **26. September 1815** die Heilige Allianz, so benannt, da sie vom orthodoxen Zaren, protestantischen Hohenzoller und katholischen Habsburger gegründet wurde. Diesem Bündnis traten nach und nach alle europäischen Staaten mit Ausnahme des Vatikans und England bei und gingen gemeinsam gegen liberal-nationale Bestrebungen vor, welche es vor allem im deutschen Bund gab. Wegen der Rivalität Preußens und Österreichs würde ein einheitlicher deutscher Staat dem Prinzip der „balance of power" widersprechen, weshalb ein loser Staatenbund bzw. ein Defensivbündnis einzelner Fürsten geschaffen wurde. Zwar gab es einen zentralen Reichstag in Frankfurt und eine Bundesakte, aber beides war de facto bedeutungslos. Das Bundesheer sollte die Verteidigungsfähigkeit des Bundes aufrechterhalten und hatte sonst keinerlei Bedeutung.

- **Actio und Reactio – Der revolutionäre Elan in „Deutschland."**

Schon während den Befreiungskriegen bildeten sich Press- und Vaterlandsvereine auf deutschem Boden, welche direkt oder indirekt zu Vorbildern der später entstehenden Burschenschaften und Turnvereine gelten. In solchen Vereinen trafen sich meist junge Studenten oder Angehörige des oberen Bildungsbürgertums und teilten ihre liberal-nationalen Gedanken aus. Am **18. bis 19. Oktober 1817** wurde das Wartburgfest zur Feier der deutschen Tradition (Luthers Reformation und der Sieg über Napoleon) von Burschenschaften veranstaltet. In Wirklichkeit tauschte man aber liberal-nationales, teilweise sogar demokratisches Gedankengut aus. Dies „motivierte" Carl von Sand am **23. März 1819** dazu den russischen Dichter August von Kotzebue zu ermorden. Dies sollte ein Ausdruck der Unzufriedenheit über die Repressionspolitik der Heiligen Allianz darstellen, verursachte aber die am **20. September 1819** umgesetzten Karlsbader Beschlüsse von Metternich. Der österreichische Staatskanzler versuchte durch Zensur und staatliche Kontrolle die Köpfe dieses Gedankengutes zu vertreiben und die Verbreitung einzuschränken. Nach anfänglichen Erfolgen gab die Julirevolution in Frankreich **1830** einen neuen Aufschwung. Dort setzte man einen Bürgerkönig ein, welcher nach dem Zensuswahlrecht gewählt wurde. Am **27. Mai 1832** fand nach langer Planung das Hambacher Fest statt, zu welchem sogar Frauen extra aufgerufen wurden. Redner wie Siebenpfeiffer heizten der Menge so sehr ein, dass Metternich am **28. Juni** des selben Jahres 6 Zusatzartikel zu den Karlsbader Beschlüssen hinzufügte. Doch der Nationalismus in „Deutschland" verbreitete sich nicht nur durch demokratische Redner oder in den oben erwähnten Vereinen, sondern auch wirtschaftliche Ereignisse erweckten ein Verlangen nach nationaler Einheit. **1834** wurde der deutsche Zollverein gegründet, welcher später als kleindeutsche Lösung gelten wird, sodass ein Eisenbahnnetz grenzübergreifend verlegt wurde und die einzelnen deutschen Staaten näher zusammenschweißte. Die hochdeutsche Sprache galt als identitätsstiftend, da sie sich einerseits von den regionalen Dialekten (wie z.B. Bayrisch, Schlesisch oder Friesisch) unterschied, aber auch vom nun französisch sprechendem Adel abgrenzte. **1837** wurden die sogenannten „Göttinger Sieben" (darunter die Gebrüder Grimm) ihrer beruflichen Tätigkeit als Professoren enthoben, da sie eben auf diesem Wege den Nationalismus verbreiteten.

- **Die Situation in Preußen.**
1840 besteigt Friedrich Wilhelm IV. den preußischen Thron und verspricht die Verfassung, welche von seinem Vorgänger versprochen wurde, umzusetzen. Dieses Versprechen wird er nicht einhalten. Diverse wirtschaftliche Miseren (**1844** Weberaufstand in Schlesien und **1847** Missernten) veranlassen Wilhelm IV. im Jahre **1847** dazu den Vereinten Landtag wiedereinzusetzen um eine Eskalation im Volk zu verhindern. Dieser durfte jedoch nicht ohne Erlaubnis des Königs zusammenkommen und beriet nur über die Staatsausgaben. Die provozierten Großbürger forderten in der ersten Sitzung nach mehr Befugnissen, weshalb der König den Landtag kurzerhand auflöst.
- **Die Situation in Österreich-Ungarn.**
Österreich-Ungarn war ein sogenannter Vielvölkerstaat, d.b. in seinem großen Staatsgebiet wurden mehrere Nationen umfasst, welche durch den kontinentaleuropäischen Nationalismus separatistische Tendenzen entwickelten. Dazu kam, dass Österreich-Ungarn ein ineffektives Wirtschafts- und Verwaltungssystem besaß, welches den Großbürgern missfiel. Ebenfalls war der Feudalismus weit verbreitet und weite Teile der Bevölkerung mussten unter der harten Hand des Adels leiden.

2. Phase: Der Beginn der Märzrevolution.
- **Der Auslöser und dessen Vorbildcharakter.**
Am **22. und 23. Februar** lehnten sich die Franzosen aufgrund von hohen Brotpreisen gegen den Bürgerkönig und bis dahin geltende Zensuswahlrecht auf. In Barrikadenkämpfen erreichten sie letztlich, dass am **24. Februar 1848** Louise Phillipe abgesetzt wurde, die zweite Republik wurde ausgerufen. Dieses Ereignis verbreitete sich rasant in ganz Europa und bereits am **27. Februar** wurde eine Volksversammlung mit über 25.000 Teilnehmern in Mannheim abgehalten. Der Trend solcher Volksversammlungen verbreitete sich ebenfalls und erste Märzforderungen wurden verfasst und mittels gewählten Abgeordneten den Königen oder Fürsten vorgetragen.
- **Friedrich Wilhelm IV. - Der Reformwillige.**
Aus Furcht vor jakobinerähnlichen Zuständen in Preußen und der Gewissheit seine

Machtposition zu verlieren, versprach Wilhelm IV. eine Verfassung für Preußen sowie politische Partizipation für die Bürger. Als Zeichen des guten Willens ließ er den Vereinten Landtag wiedereinberufen und gab ihm weitreichende Befugnisse. Am **18. März 1848** versammelten sich aus diesem Anlass sich viele Preußen vor dem Berliner Schloss um den König zu bejubeln. Die vor Ort befindliche Leibgarde des Königs und das Militär sorgten für Ruhe und Ordnung, bis zufällig ein Schuss fiel und das Volk in Aufruhr geriet. Bei den anschließenden Barrikadenkämpfen starben 143 Personen, die sogenannten Märzgefallenen. In den folgenden Tagen veröffentlichte Wilhelm IV. mehrere Proklamationen um das Volk zu beruhigen und setzte am **28. März** ein liberales Regierungskabinett ein, welches die am **22. Mai** zusammentretende, verfassungsgebende Nationalversammlung wählten. Der König selbst und seine Armee zogen sich friedlich zurück.

- **Kaiser Franz I. und der Fürst von Metternich – Die Hartgesottenen.**

Am **13. März 1848** gab es erste Unruhen in Wien, welche letztlich zur Flucht Metternichs nach England führten. Kaiser Franz I. versprach eine Verfassung, welche am **25. April** doch eher aufoktroyiert wurde. Das Volk bekam kaum mehr Mitspracherecht oder Privilegien, Grundrechte oder Ähnliches gab es nicht. Nach heftigen Aufständen wurde die Verfassung am **15. Mai 1848** wieder zurückgenommen. Trotz vermehrter Aufstände tagte eine verfassungsgebende Versammlung erst am **22. Juli 1848**. Die häufigen Barrikadenkämpfe und Aufstände veranlassten die Habsburger zum „Rückzug" in eine ihrer auswärtigen Residenzen. Daraufhin wurde am **17. August** ein längst überfälliger Schritt im Vergleich zu Europa getätigt: die verfassungsgebende Versammlung hob alle bäuerlichen Untertänigkeitsverhältnisse auf. Dennoch musste Österreich-Ungarn in diesem Sommer gegen die separatistischen Tendenzen der Tschechen und Oberitaliener ankämpfen, welche einen eigenen Nationalstaat schaffen wollten.

- **Die süddeutschen Staaten – Die Dreisten.**

Ohne eine Legitimation beriefen die süddeutschen Staaten ein Vorparlament ein, welche am **1. Mai 1848** eine deutsche Nationalversammlung in freier, geheimer und gleicher Wahl bestimmte. Diese trat am **18. Mai** in der Frankfurter Paulskirche unter dem Vorsitz des Freiherrn von Gagern zusammen. Über 50% der insgesamt 830 Abgeordneten waren Bildungsbürger oder Beamte, 5,5% waren Landwirte, aber keine Handwerker waren vertreten. Dies zeugt davon, dass das Volk nur gebildeten Männern zutraute die Verfassung ausarbeiten zu können. Dennoch wurde das Schimpfwort „Professorenparlament" schnell populär, da diese Konstellation nicht in der Lage sei, das gesamte deutsche Volk zu vertreten. Die behandelten Fragen waren einerseits das deutsche Staatsgebiet. Es wurde diskutiert ob man die Deutschen in Österreich in den Nationalstaat eingliedern soll und damit riskieren würde ein Habsburger Imperialstaat zu werden oder ob man bewusst einige Deutsche ausschließt um preußische Unterstützung zu er-halten. Andererseits wurde auch die deutsche Staatsform erörtert: Die (für damalige Verhältnisse radikalen) Demokraten forderten eine Republik nach französischem Vorbild wohingegen die Liberalen eine konstitutionelle Monarchie durchsetzen wollten. Da die Liberalen in der Mehrheit waren, wurde eine Kooperation mit den Fürsten umgesetzt. Dennoch war das Parlament unerfahren in demokratischen Aufgaben, hielt sich zu lange mit Nebensächlichkeiten auf und diskutierte zu lange.

3. Phase: Wende und der letzte Versuch.

- **Unterschiedliche Fortschritte und Aufmarsch der Herrschergeschlechter.**

In den süddeutschen Staaten wurde die konstitutionelle Tradition relativ früh wieder aufgegriffen und so wurde z.B. in Baden das Zweikammern-Wahlsystem umgesetzt. In den mitteldeutschen Staaten wurde an die napoleonische Tradition angeknüpft und Abwandlungen des Code Civils umgesetzt. Letztlich waren aber nicht alle deutschen Staaten auf einem Stand und man wartete gespannt auf die Beschlüsse der Paulskirchenversammlung. Dieses

Resignieren der breiten, gewaltbereiten Massen nutzen die Herrschergeschlechter aus und am **14. Oktober 1848** eroberten die Habsburger Wien zurück und am **10. November** die Hohenzollern ohne großen Widerstand Berlin.

- **Die Paulskirchenverfassung.**

Am **28. März 1849** wurde endlich die Paulskirchenverfassung ausgearbeitet und vorgestellt. Sie beinhaltete eine breiten Grundrechtekatalog und eine Vielzahl an freiheitlichen Rechten. So sollte das Volk die volle Versammlungs-, Meinungs-, Gewissens- und Religionsfreiheit besitzen, die Politik sollte transparenter werden, genau wie die Rechtsprechung. Bildungspolitisch sollten auch viele Neuerungen statt-finden, um den breiten Arbeitermassen einen sozialen Aufstieg zu ermöglichen. Letztlich wurden auch jegliche Untertänigkeits- oder Abhängigkeitsverhältnisse sowie die freie Berufswahl ermöglicht. Rechts-staatlich gilt diese Verfassung noch immer als modern und zukunftsweisend. Eine klare Gewaltenverschränkung soll dem Machtmissbrauch der Exekutive entgegenwirken, wobei dieser auch das Recht der Kontrolle der Legislative verliehen wurde. Die Judikative ist völlig losgelöst von jeglichen Beschränkungen und kann unabhängig Recht sprechen.

- **Die Wende.**

Die kleindeutsche Lösung sollte umgesetzt werden, weshalb Friedrich Wilhelm IV. die deutsche Krone angeboten wurde. Da dieser aber das Gottesgnadentum nicht verunglimpfen wollte, indem er das Prinzip der Volkssouveränität anerkennt, lehnte er ab. Dieser unerwartete Schritt führte zu einer Welle an Wider-stand: Die Fürsten, welche nur widerwillig einem deutschen Staat zustimmten, lehnten sich gegen die Verfassung auf, um ihre eigene Macht zu stärken und die Großmächte Österreich und Preußen zogen ihre Abgeordneten aus dem Paulskirchenparlament ab, weshalb dieses am **18. Juni 1849** aufgelöst wurde. Es bildete sich die sogenannte Reichsverfassungskampagne, welche erfolglos versuchte die Verfassung doch noch umzusetzen. Sie scheiterte am preußischen und österreichischen Militär, welches am **23. Juli 1849** die Festung Rastatt, den Rückzugsort der Revolutionäre, umstellte und so die Aufgabe der **6000 Insassen** provozierte.

- **Das Erbe der Revolution.**

Nachdem die Reichsverfassungskampagne fehlgeschlagen hatte, reisten viele Intellektuelle und Beamte ins Exil um einer Anzeige wegen Hochverrats oder Majestätsbeleidigung zu entgehen. Dennoch blieb die Idee eines deutschen Nationalstaaten in den Köpfen der Deutschen verankert, genau wie die demokratische Erfahrung, welche sich zu einer eigenen Tradition herausbilden wird.

- **Einschätzungen bekannter Historiker bezüglich der Märzrevolution.**
- **Dieter Hein (383/M1).**
- Revolution aus Sicht der Zeitgenossen und Historiker gescheitert.
- Moderne Forschung berücksichtigt die langfristigen Folgen.
  - Bauernkriege, Agrarreformen, Durchsetzung des Verfassungsprinzips (außer in Österreich und einigen europäischen Kleinstaaten), Sicherung der Grundrechte und Parlamentarisierung der politischen Ordnung.
- Revolution kann nicht nur nach Intention der Handelnden beurteilt werden.
  - Geschichte geschieht hinter dem Rücken der Akteure.
- Moderne ist von individueller Freiheit, staatsbürgerlicher Gleichheit, marktwirtschaftlich-strukturierter Ordnung, parlamentarischen Verfassungsprinzip und vom nationalstaatlichen Prinzip charakterisiert.
  - Gewichtige Folgen in der Bilanz der Revolution.
- Während der Revolution hat sich Bewegung auf lange zurückreichende Traditionen der kommunalen Partizipation, auf Reichsnationalismus und auf günstige, gesellschaftliche

Strukturen gestützt.
- ○ Baute auf dem Konstitutionalismus, baute mit konkreten politischen Erfahrungen und mit Organisierungsansätzen.
  - ▪ Hätte gesiegt, wenn Spannungen und Konflikte nicht wären, welche die Regionen spalteten und die Kräfte hemmten.
- **Wolfgang Hartwig (383/M2).**
- Revolution erfolglos, doch wichtiger Schritt zu parlamentarischer Demokratie und partizipativen Nationalstaat.
- ○ Konnten nationale Einheit und freiheitspolitische Forderungen nicht durchsetzten.
- ○ Moderne Forschung:
  - ▪ Revolution bewirkte Übergang Preußens und Österreichs zur Verfassungsstaatlichkeit.
  - ▪ Praktizierte Form des modernen Parlamentarismus.
  - ▪ Trieb die Auflösung der Ständegesellschaft an und gab einen Politisierungsschub (Hat das politische Bewusstsein der Einwohner geweckt).
    => Änderte politische Kultur in Deutschland nachhaltig und empfahl die kleindeutsche Lösung.
- Bauern und gewerbliche Schichten verfolgten traditionelle Ziele.
- ○ Politische Demokratie wurde vielfach mit der sozial-konservativen Weltordnung und Forderungen verbunden.
- In Kirchen wurden die Konservativen modernisiert.
- Revolution scheiterte an Überlastung der Akteure, an sich überschneidenden, gegenseitig verstärkende Aufgaben und Problemen.
- Es setzten sich militärisch-bürokratische Machtapparate durch.

- **Winkler (384/M3).**
- Stadelmann nennt Scheitern der Revolution verhängnisvoll für politische Entwicklung der Deutschen.
- ○ Grund für die Schwäche der freiheitlichen Tradition in Deutschland, für die Brechung des liberalen Bürgertums und für den Obrigkeitsstil in der Bevölkerung.
- Ohne einen gesamteuropäischen Krieg wären die Forderungen niemals zu sichern gewesen.
- ○ Können den Liberalen dafür keinen Vorwurf machen.
- Stadelmann kennt nur die Weimarer Demokratie, nicht die zweite deutsche Demokratie, wie Winkler.
- Revolution hat das Bewusstsein der Menschen nachhaltig geprägt.
- ○ Mauerfall entstand durch das politische Bewusstsein der Bürger.

BEI GRIN MACHT SICH IHR
WISSEN BEZAHLT

- Wir veröffentlichen Ihre Hausarbeit,
  Bachelor- und Masterarbeit

- Ihr eigenes eBook und Buch -
  weltweit in allen wichtigen Shops

- Verdienen Sie an jedem Verkauf

Jetzt bei www.GRIN.com hochladen
und kostenlos publizieren